公路长大桥梁结构监测
时空大数据应用指引

中交公路规划设计院有限公司
交通运输部公路科学研究院　主编
哈 尔 滨 工 业 大 学

人民交通出版社

北　京

图书在版编目（CIP）数据

公路长大桥梁结构监测时空大数据应用指引／中交公路规划设计院有限公司，交通运输部公路科学研究院，哈尔滨工业大学主编．— 北京：人民交通出版社股份有限公司，2024．10．— ISBN 978-7-114-19775-8

Ⅰ．U443

中国国家版本馆 CIP 数据核字第 2024GV2610 号

Gonglu Changdaqiaoliang Jiegou Jiance Shikong Dashuju Yingyong Zhiyin
书　　名：	公路长大桥梁结构监测时空大数据应用指引
主编单位：	中交公路规划设计院有限公司
	交通运输部公路科学研究院
	哈尔滨工业大学
责任编辑：	丁　遥
责任校对：	赵媛媛
责任印制：	刘高彤
出版发行：	人民交通出版社
地　　址：	（100011）北京市朝阳区安定门外外馆斜街 3 号
网　　址：	http://www.ccpcl.com.cn
销售电话：	(010)59757973
总 经 销：	人民交通出版社发行部
经　　销：	各地新华书店
印　　刷：	北京市密东印刷有限公司
开　　本：	880×1230　1/16
印　　张：	2
字　　数：	40 千
版　　次：	2024 年 10 月　第 1 版
印　　次：	2024 年 10 月　第 1 次印刷
书　　号：	ISBN 978-7-114-19775-8
定　　价：	35.00 元

（有印刷、装订质量问题的图书，由本社负责调换）

交通运输部办公厅文件

交办公路〔2024〕37 号

交通运输部办公厅关于发布《公路长大桥梁结构监测时空大数据应用指引》的通知

各省、自治区、直辖市、新疆生产建设兵团交通运输厅（局、委）：

为加强公路长大桥梁结构监测数据应用，经交通运输部同意，现将《公路长大桥梁结构监测时空大数据应用指引》予以发布。请各省级交通运输主管部门结合实际，认真组织做好桥梁结构监测工作，切实发挥监测数据在桥梁管理养护方面的重要作用，进一步提升公路桥梁结构安全耐久水平。

联系人及电话：部公路局　李健，010-65292746；技术支持单位叶志龙，010-57507777-3072；韦韩，010-62079007。

交通运输部办公厅
2024 年 7 月 23 日

交通运输部办公厅　　　　　　　　　　　　　　2024 年 7 月 25 日印发

前　言

根据《交通运输部关于进一步提升公路桥梁安全耐久水平的意见》（交公路发〔2020〕127号）、《交通运输部办公厅关于印发〈公路长大桥梁结构健康监测系统建设实施方案〉的通知》（交办公路〔2021〕21号）、《交通运输部办公厅关于进一步做好公路长大桥梁结构健康监测系统建设实施工作的通知》（交办公路〔2022〕825号）以及《交通运输部办公厅关于印发〈进一步推进公路桥梁隧道结构监测工作实施方案（2024—2030年）〉的通知》（交办公路〔2024〕26号）要求，为进一步规范和指导公路桥梁结构监测系统的数据分析与应用，交通运输部公路局组织技术支持单位编制《公路长大桥梁结构监测时空大数据应用指引》（以下简称"指引"）。

主编单位在《公路桥梁结构监测技术规范》（JT/T 1037—2022）基础上，进行了大量的工程实践调研，吸取了国内外有关科研、院校、设计、检测等单位的研究成果和数据应用经验，参考、借鉴了国内外先进的标准、规范和手册，通过多种方式广泛征求有关单位和人员的意见，经多次修改完善，形成本指引。

本指引由3章和2个附录组成，主要内容包括：1 总则、2 单桥监测数据应用、3 省级监测数据应用，以及附录A 单桥应用场景、附录B 省级应用场景。

请各有关单位在执行过程中，将发现的问题和意见，函告本指引日常管理组，联系人：叶志龙（地址：北京市朝阳区小营北路53号，中交公路规划设计院有限公司；邮编：100101；电话：15811055091；电子邮箱：yezhilong@hpdi.com.cn）；韦韩（地址：北京市海淀区西土城路8号，交通运输部公路科学研究院；邮编：100088；电话：15810231660；传真：010-62079856；电子邮箱：h.wei@rioh.cn）。

主 编 单 位：中交公路规划设计院有限公司
　　　　　　　交通运输部公路科学研究院
　　　　　　　哈尔滨工业大学

主　　　　编：宋　晖　李　惠　李万恒
参 编 人 员：李　娜　张革军　程寿山　刘　刚　叶志龙　胡　斌
　　　　　　　李小龙　韦　韩　宋建永　赵尚传　李准华　何秋雨
　　　　　　　韩飞杨　方　宇　杨　雷　刘立权　闫　昕　田亚迪
　　　　　　　李　湛　王晓晶　黄　永　赖马树金　鲍跃全　徐　阳
　　　　　　　李书韬　谷　雨　黄雅茜　魏世银　张东昱　金　耀

　　　　　　　　韩　帅　刘志强　高艳滨　王　凯　王俊博　要世乾

主要审查人员：杨　亮　李　健　徐幼麟　樊健生　张宇峰　侯茜茜
　　　　　　　　刘　松　汪　波　李晓娅　吁　然　傅搏峰

目　次

1 总则 ··· 1
2 单桥监测数据应用 ··· 2
　2.1 单桥监测数据分析应用 ··· 2
　2.2 单桥监测数据应用报告主要内容 ··· 16
3 省级监测数据应用 ··· 17
　3.1 一般规定 ·· 17
　3.2 省域长大桥梁运行状态分析 ·· 17
　3.3 省域长大桥梁特殊事件分析 ·· 19
　3.4 省级监测数据应用报告主要内容 ··· 20
附录 A　单桥应用场景 ··· 21
附录 B　省级应用场景 ··· 24

1　总则

1.0.1　为规范和指导公路长大桥梁结构监测数据分析应用,切实发挥监测数据在桥梁超限报警、应急响应、养护评估和基础研究等方面的重要作用,提升桥梁养护管理水平,制定本指引。

1.0.2　本指引适用于安装桥梁结构监测系统的公路长大桥梁,其他类型桥梁可参考使用。

1.0.3　进行监测数据分析时,宜根据需要结合其他信息进行。单桥监测数据结合桥梁养护管理等信息,省级监测数据结合公路基础数据以及气象、水文、地震等信息进行分析。

1.0.4　单桥监测系统和省级监测平台应保持良好的运行状态,采集存储的监测数据应确保完整、及时和准确。

2 单桥监测数据应用

2.1 单桥监测数据分析应用

2.1.1 单桥监测数据分析应用包括超限报警类、应急响应类和养护评估类数据分析应用。具备条件的桥梁，宜结合桥梁的环境、作用、结构等特点，开展面向长期性能等基础研究的数据采集和分析应用。养护评估类应用包括但不限于结构健康度评估、桥梁技术状况评定、桥梁适应性评定等。单桥主要数据分析内容和对应应用场景的汇总见本指引附录 A。

2.1.2 监测数据分析应符合下列规定：
1 应分析环境、作用、结构响应和结构变化监测数据，并宜结合桥梁养护的经常检查、定期检查与特殊检查数据进行分析。
2 监测数据分析应用前，应根据监测数据中错误数据特征，剔除错误数据，保证监测数据分析结果的可靠性。可采用设置合理阈值、统计特征分析、机器学习等方法进行错误数据剔除。
3 监测数据分析方法可采用统计分析、相关性分析、趋势性分析、比对性分析、机器学习或其他可靠方法。
4 监测数据分析样本时长，宜根据监测内容的特征确定。各监测内容分析样本时长可参考表2.1.2。

表 2.1.2 各监测内容分析样本时长

监测类别		最短样本时长
环境	温度	10min
	湿度	10min
	雨量	10min
作用	车辆荷载	触发式
	风速、风向	3s(阵风风速)、2min(与气象风速对比时)、10min
	风压	10min
	结构温度	10min
	船舶撞击	船舶撞击过程持续时间，船舶撞击前20min、撞击中、撞击后20min
	地震	地震持续时间，地震前20min、地震中、地震后20min

续表 2.1.2

监测类别		最短样本时长
响应	位移	10min
	转角(倾角)	10min
	应变	静态应变：1h；动态应变：60s
	索力	压力传感器数据：1h；加速度传感器数据：10min
	支座反力	10min
	振动	1min(用于分析短时车致振动时)、10min
变化	基础冲刷	1个月
	锚碇位移	1d(自动化监测)、1个月(人工定期监测)
	拱脚位移	1d(自动化监测)、1个月(人工定期监测)
	裂缝	裂缝计数据：10min
	腐蚀	1个月
	拉索断丝	每次声发射信号触发：每次5ms(采样频率2MHz)
	螺栓紧固力	10min
	索夹滑移	10min

5 环境监测数据分析应符合下列规定：

1）温度监测数据应分析最高温度、最低温度、最大温差，宜用于温度作用与效应及其相关性分析，辅助养护决策。

2）湿度监测数据应分析最大值、平均值和超限持续时间等，宜分析湿度时空分布以及单个测点湿度与累积持续时间频次分布。监测结果可用于提升桥梁相关部件附属机电设备（如除湿机）工作效率，也可用于针对性检查、辅助养护决策以及结构耐久性基础研究。

3）雨量监测数据宜分析10min平均降雨量，结合风速风向、拉索振动数据，分析斜拉索的风雨激振。

4）桥面、缆、索、吊杆结冰超声波检测和视频监测数据宜分析结冰位置、范围和程度，指导桥面、缆索等构件除冰及车辆通行管控。

条文说明

采用视频信号分析桥面和缆索覆冰情况时，以结冰图像为输入，以是否结冰和结冰位置、范围与程度为输出，构建并训练覆冰识别的神经网络，根据神经网络输出结果和图像位置，判断桥面、缆、索、吊杆是否结冰、结冰位置、范围与程度。采用超声导波对缆、索和吊杆进行覆冰监测时，需在构件表面安装超声导波收发换能器，通过接收的导波信号特征分析结冰程度。超声导波对称模态的波速和幅值存在随覆冰厚度增加而降低的特性，可以通过分析上述超声导波特征参数来分析覆冰厚度。此外，还需考虑环境温度变化对导波传播特征的影响，可以采用主成分分析法剔除温度影响。

6 作用监测数据分析应符合下列规定：

1）车辆荷载监测数据应分析车流量、轴重、车重，超载车数量、车重、轴重和出现时间，宜分析年极值、车辆疲劳荷载谱和校验系数，可用于超载车辆管控、车流量预测、实测车辆荷载作用下的疲劳评估，也可用于研究结构刚度长期退化规律、辅助养护决策、支撑基础研究。车辆疲劳荷载谱可基于等效疲劳损伤累积和 Miner 准则统计，校验系数可参照《公路桥梁荷载试验规程》（JTG/T J21-01—2015）中的方法进行计算。

2）风速风向监测数据应分析 10min 平均风速、风向，绘制风玫瑰图，平均风向求解宜采用矢量法，可用于实桥风效应分析，指导车辆通行管控。风压监测数据宜分析 10min 平均风压、计算均方根值，可用于桥梁风荷载基础研究。

条文说明

10min 平均风速、风向可按下式计算：

$$U = \sqrt{(\bar{u}_x)^2 + (\bar{u}_y)^2} \tag{2-1}$$

$$\theta = \begin{cases} \arccos\left(\dfrac{\bar{u}_x}{U}\right), & \bar{u}_y \geq 0 \\ 360° - \arccos\left(\dfrac{\bar{u}_x}{U}\right), & \bar{u}_y < 0 \end{cases} \tag{2-2}$$

式中，U 为 10min 水平平均风速；θ 为 10min 平均风向角；$\bar{u}_x$、$\bar{u}_y$ 分别为水平向监测风速 u_x 和 u_y 的 10min 平均值。

3）结构温度监测数据应分析温度最大值、最小值、最大梯度和年极值。可用于温度作用下构件和结构的温度场分布分析和长期性能的基础研究，还可用于其他监测内容的温度补偿。桥面铺装层温度分析可用于高温预警、辅助指导洒水降温等养护决策。

7 结构响应监测数据分析应符合下列规定：

1）主梁竖向和横向位移、塔顶和主缆偏位、高墩墩顶位移和拱顶位移监测数据应分析平均值、绝对最大值、均方根值及其随时间变化规律，应分析主梁下挠、塔顶和主缆及主拱偏位、桥墩沉降等趋势，用于判断结构整体、构件位移异常变化以及超限报警，判断是否出现影响结构安全的持续变形趋势，评估结构安全状态，辅助指导桥梁构件检查和维修加固等养护决策。

条文说明

主梁竖向和横向位移、塔顶和主缆偏位、高墩墩顶位移和拱顶位移监测数据随时间变化规律主要通过绘制平均值、绝对最大值、均方根值等统计指标的时程图，分析其单调增加、单调减小及剧烈程度等特性。主梁下挠、塔顶和主缆及主拱偏位、桥墩沉降等趋势可以采用中值滤波等趋势项分析方法获得数据随时间的缓变规律。中值滤波计算方法可以参照下列步骤：

（1）定义长度为 L_a 的中值滤波窗口，$L_a = 2a + 1$，a 为正整数。例如，$a = 100$，$L_a = 201$，即取 201 个样本点。

（2）对 L_a 数据点按大小进行排序，取序列中间位置数据值为中值滤波值：

$$mx(i) = \mathrm{Medium}[x(i-a), \cdots, x(i), \cdots, x(i+a)] \tag{2-3}$$

式中，x 表示监测数据的离散信号点；mx 表示中值滤波值；Medium 表示取中位数运算。

（3）所有中值滤波值形成新的数据序列，即为监测数据的趋势项。

2）支座位移和梁端纵向位移监测数据应分析平均值、绝对最大值、均方根值和绝对值累积量，宜分析与温度的相关性，并结合振动及模态数据识别支座、伸缩装置的异常和边界条件变化。对于滑动支座，应结合支座位移监测数据和其他检测数据（聚四氟乙烯滑板滑动能力等）进行分析，评估支座工作状态，辅助支座修复或更换等养护决策；对于模数式伸缩装置，宜监测其纵向伸缩均匀性和横向对称性，评估伸缩装置的变形协调性，辅助伸缩装置修复或更换等养护决策。

3）塔顶截面倾角、梁端水平和竖向转角监测数据应分析平均值、绝对最大值、均方根值及其随时间变化规律，宜与位移数据进行对比校核，判断桥梁部件、构件倾斜情况，分析桥塔变形规律，判断伸缩装置和支座工作状态，辅助桥梁构件检查等养护决策。

4）主梁关键截面应变监测数据应分析平均值、绝对最大值、主梁疲劳累积损伤指数；通过雨流法计算主梁疲劳累积损伤指数，评估主梁疲劳损伤状态；索塔、主拱关键截面应变监测数据应分析平均值、绝对最大值，评估索塔、主拱关键截面的受力水平、分布及变化趋势；综合上述分析结果，辅助桥梁构件检查等养护决策。

5）悬索桥吊索、斜拉桥斜拉索、拱桥吊杆（索）等索力监测数据应分析平均值、最大值、最小值、均方根值、疲劳累积损伤指数及其随时间变化趋势。可采用振动频率法计算索力，通过索力极值判断索结构受力状态；可采用直接测力法计算索构件疲劳累积损伤指数，评估索构件疲劳损伤程度。悬索桥锚跨索股力和拱桥系杆索力监测数据应分析最大值、最小值和变化趋势，可用于分析悬索桥锚跨索股力和拱桥系杆受力状态变化。监测索力宜与成桥索力、设计值、破断索力以及定期检测索力进行比对性分析，评估索力变化以及拉索的安全冗余度。综合上述分析结果，辅助缆索构件检查等养护决策。

条文说明

采用加速度计测量拉/吊索索力时，首先计算测量加速度信号功率谱，通过功率谱峰值所对应频率识别拉/吊索自振频率，再通过下式计算拉/吊索索力 T：

$$T = 4mL^2 \frac{f_n^2}{n^2} - n^2 \frac{\pi^2 EI}{L^2} \tag{2-4}$$

式中，n 为拉/吊索振动模态阶数；m 为拉/吊索单位长度质量；f_n 为拉/吊索第 n 阶自振频率；L 为拉/吊索长度；EI 为拉/吊索截面抗弯刚度。

当采用索力计或压力环直接测量拉/吊索索力时，将索力监测值除以索构件净截面面积得到应力时程，再利用雨流法计算拉/吊索疲劳累积损伤指数。

6）支座反力监测数据宜分析平均值、最大值、最小值及其随时间变化规律，可通过与支座反力超限阈值比对，分析支座反力超限的程度、持续时间和出现频次，可用于判断支座工作状态和上部结构荷载，辅助指导支座检查维修等养护决策。

7）主梁竖向横向纵向、塔顶横向纵向、悬索桥吊索、斜拉桥斜拉索、梁桥桥墩顶部纵向和横向、拱桥主拱和吊杆（索）振动监测数据应分析绝对最大值、均方根值、频谱，辅助车辆通行管控决策；宜进行桥梁自振频率、振型等模态参数分析，模态参数应剔除环境等因素影响，判断桥梁结构整体性能变化。通过索 10min 加速度均方根值判别索异常振动，辅助索构件检查维修等养护决策。

条文说明

桥梁模态参数反映桥梁整体动力特性，可以采用频域分解法（FDD）、随机子空间方法（SSI）、机器学习方法或其他可靠的结构模态识别方法进行桥梁结构模态参数识别。桥梁模态参数识别结果易受到温度等环境变量影响而产生变化，因此需要采用回归分析或其他可靠方法，剔除环境变量对模态参数的影响，再利用剔除环境影响后的模态参数分析桥梁服役状态的变化。

8　结构变化监测数据分析应符合下列规定：

1）桥墩基础冲刷监测数据宜分析冲刷深度最大值、冲刷范围及其变化规律。可用于评估桥梁水毁风险，也可用于桥梁有限元模型修正、结构安全评估，辅助桥梁检查等养护决策。

2）主缆锚碇位移、拱脚位移监测数据应分析其是否发生变化，可用于判断主体结构安全风险，也可用于桥梁超限报警。

3）混凝土结构和钢结构裂缝监测数据宜分析裂缝长度、宽度、数量、位置及其随时间变化规律，可分析裂缝与荷载和结构构造的相关性，可用于结构长期性能基础研究，辅助桥梁构件养护加固等养护决策。结构裂缝监测可采用裂缝传感器、计算机视觉方法或其他可靠方法。

条文说明

可以分析裂缝产生原因及其与荷载、特殊构造之间的关系。例如，车辆荷载长期作用导致结构疲劳产生裂缝或者特殊构造导致应力集中产生裂缝。

4）墩身、承台混凝土腐蚀监测数据，宜分析氯离子浓度，侵蚀深度最大值、最小值、梯度及其变化趋势，可用于混凝土耐久性基础研究，评估桥梁构件腐蚀发展程度及趋势，辅助桥梁防腐等养护决策。

5）悬索桥主缆和吊索、斜拉桥斜拉索、拱桥吊杆(索)和系杆断丝监测数据宜分析断丝位置和程度，辅助索结构检查、维修及换索等养护决策。

条文说明

可以采用声发射技术监测拉/吊索断丝。当声发射传感器监测到断丝产生的声发射信号时，通过傅里叶分析声发射信号高频成分幅值大小，判断拉/吊索是否发生断丝。当声发射信号高频成分幅值较大时，可以判定拉/吊索发生断丝。当拉/吊索底部和顶部同时安装声发射传感器时，可以根据声发射信号在拉/吊索中的传播速度以及声发射信号到达两个传感器的时间差，对断丝位置进行定位。

6）索夹螺杆紧固力、高强螺栓紧固力和螺栓滑脱监测数据宜分析数量、位置、程度和变化趋势，辅助螺栓检查、紧固及补装等养护决策。

7）索夹滑移监测数据宜分析数量、程度和变化趋势。通过索夹滑移程度，判断索夹整体工作状态，分析滑移风险，辅助养护决策。

8）体外预应力监测数据宜分析预应力变化程度和趋势，通过分析体外预应力下降速率，辅助养护决策。

9 宜分析不同类型监测内容之间、相同类型监测内容之间数据相关性，包括环境、作用与结构响应、结构变化之间的相关性，不同构件、不同测点的结构响应、结构变化之间的相关性等，进行相关性分析的测点可根据桥梁力学分析选择。分析方法可采用皮尔逊相关系数法、机器学习或其他可靠方法。相关性分析结果可与其他监测项分析结果结合，用于判断对应构件服役状态是否异常，辅助结构检查等养护决策。

条文说明

温度-结构响应相关性分析可以按下列步骤进行：

（1）选择待分析的结构响应测点和环境温度测点，有可靠的结构温度测点时也可以选用结构温度测点，以天为单位，采用中值滤波法提取结构响应中的温度趋势项 $mx(t_i)$，滤波窗口 L_a 中 a 取5min对应的时间序列长度。

（2）计算温度序列 $T(t_i)$ 和结构响应趋势项序列 $mx(t_i)$ 的皮尔逊相关系数 $C(T, mx)$。

（3）采用系统运营初期1年内的监测数据为样本，计算其相关系数的均值 μ_C 和标准差 σ_C。当监测数据相关系数超出 $[\mu_C - 3\sigma_C, \mu_C + 3\sigma_C]$ 范围时，可以认为结构状态发生异常。

响应-响应相关性分析可以按下列步骤进行：

（1）选择待分析的结构响应测点 X 及测点 Y，以天为单位剔除结构响应中的温度趋势项 $mx(t_i)$ 和 $my(t_i)$。

（2）对于具有线性相关的测点监测数据可计算皮尔逊相关系数 C，采用系统运营初期 1 年内的监测数据为样本，计算其相关系数的均值 μ_C 和标准差 σ_C。当监测数据相关系数超出 $[\mu_C - 3\sigma_C, \mu_C + 3\sigma_C]$ 范围时，可以认为结构状态发生异常。

（3）监测数据可以采用机器学习方法进行分析，可以按下列步骤进行：

①采用系统运行初期 1 个月的监测数据形成去除温度趋势的监测数据集 $\{X, Y\}$。

②设计神经网络，网络的预测长度可以根据计算资源选择，如 1 200 步，从数据集 $\{X, Y\}$ 中进行采样，形成与预测步长一致的训练集 $\{x, y\}$，以序列 x 为输入，以序列 y 为输出，对神经网络进行训练。

③计算真实值与网络预测值的差值 $\Delta = y - G(\boldsymbol{x}; \boldsymbol{\theta})$，计算系统运营初期 1 个月内的数据集预测差值的均值 μ_Δ 和标准差 σ_Δ。

④将待分析的监测数据输入训练完成的神经网络，计算预测差值 Δ。当预测差值 Δ 超出 $[\mu_\Delta - 3\sigma_\Delta, \mu_\Delta + 3\sigma_\Delta]$ 范围时，可以认为结构状态发生异常。

2.1.3 超限报警应符合下列规定：

1 超限阈值应分为三级，当监测数据超过各级超限阈值时，宜同步报警。报警类别分环境报警、作用报警、结构响应报警、结构变化报警、主梁涡振报警和监测数据分析结果报警。宜根据监测数据报警类型与超限等级，制定相应的桥梁检查、养管措施。应将二级及以上的超限报警信息，通过单桥系统上报省级监测平台。

2 各级超限阈值宜根据监测内容历史统计值、材料允许值、仿真计算值、设计值和规范容许值设定，并宜考虑车辆通行管控建议、检查指引、健康度评估、特殊事件应急响应等桥梁监测应用需求。监测数据超限阈值可依据《公路桥梁结构监测技术规范》（JT/T 1037—2022）表 9 的规定设定。超限阈值可根据桥梁健康度和技术状况进行调整。当桥梁健康度评估为Ⅲ级中等异常及以上或者桥梁技术状况评定结果为 3 类及以上时，可结合桥梁所处线路位置和车辆荷载，适当调整各级监测数据报警阈值，报警阈值调整幅度宜结合桥梁特点通过专家论证确定。

3 监测数据超限时，应分析超限监测数据类型与超限等级，宜参照《公路桥梁结构监测技术规范》（JT/T 1037—2022）表 10 的规定提出检查建议。

4 宜根据监测数据超限分析结果，结合《公路缆索结构体系桥梁养护技术规范》（JTG/T 5122—2021）和《公路桥涵养护规范》（JTG 5120—2021）的相关规定制定检查和养护措施。

2.1.4 特殊事件应急响应应符合下列规定：

1 桥梁在遭受涡振、台风，悬索桥吊索、斜拉桥斜拉索、拱桥吊杆（索）等异常振动，地震、车辆超载、船撞等特殊事件时，应对特殊事件全过程监测数据进行分析，辅助应急响应决策，并评估结构健康度，必要时组织专家研判。

2 涡振应急响应应符合下列规定：

1）宜采用10min加速度均方根值$S_{\ddot{y}}$和振动能量比因子R作为涡振判定指标，也可补充其他参数。$S_{\ddot{y}}$和R按下列公式计算：

$$S_{\ddot{y}} = \sqrt{\frac{1}{N}\sum_{i=1}^{N}\ddot{y}_i^2} \tag{2.1.4-1}$$

$$R = \frac{p_1}{p_2} \tag{2.1.4-2}$$

式中，$S_{\ddot{y}}$为加速度均方根值；$\ddot{y}$为主梁振动加速度；N为10min加速度采样点数；p_1为结构振动响应功率谱密度中最大幅值；p_2为次最大幅值。

2）可采用机器学习算法自动判断涡振，也可采用其他可靠方法。

3）涡振超限阈值宜按《公路桥梁结构监测技术规范》（JT/T 1037—2022）表9的规定选取，检查建议及处置措施宜符合下列规定：

a）超限一级，应持续关注结构状态；

b）超限二级，宜采取车辆限速等管理措施；

c）超限三级，宜封闭桥梁，按本指引第2.1.5条相关规定进行桥梁结构健康度评估。

4）应编制桥梁涡振事件分析报告，报告内容宜包括涡振前、涡振事件全过程、涡振后数据分析与涡振超限管理和处置结果。数据分析宜包括下列内容：

a）桥面10min平均风速、平均风向、风攻角、湍流度；

b）主梁10min加速度均方根值，固有频率、阻尼比等模态参数变化；

c）涡振全过程持续时间、风况条件、加速度和位移均方根值、振动频率。

条文说明

10min平均风攻角按下式计算：

$$\alpha = \arctan\left(\frac{\bar{u}_z}{U}\right) \tag{2-5}$$

式中，α为10min平均风攻角；$\bar{u}_z$为竖向瞬时风速u_z在10min内的平均值；U为10min水平平均风速。

湍流度宜按下式计算：

$$I_u = \frac{\sigma_u}{U},\ I_v = \frac{\sigma_v}{U},\ I_w = \frac{\sigma_w}{U} \tag{2-6}$$

式中，I_u、I_v和I_w分别为顺风向、横风向和竖向湍流度；σ_u、σ_v和σ_w分别为顺风向、横风向和竖向脉动风速$u(t)$、$v(t)$和$w(t)$在10min内的均方根值。

$$\begin{aligned} u(t) &= u_x(t)\cos(\theta) + u_y(t)\sin(\theta) - U \\ v(t) &= -u_x(t)\sin(\theta) + u_y(t)\cos(\theta) \\ w(t) &= u_z(t) - \bar{u}_z \end{aligned} \tag{2-7}$$

式中，u_x、u_y、u_z 分别为风速仪 x、y 和 z 方向监测瞬时风速；θ 为 10min 时距平均风向角。

3 台风应急响应符合下列规定：

1）风速超限阈值宜按《公路桥梁结构监测技术规范》（JT/T 1037—2022）表9 的规定选取，处置措施宜符合下列规定：

a）超限一级，宜封闭桥梁；

b）超限二级，宜检查桥梁构件状态；

c）超限三级，宜检查桥梁构件状态，并按本指引第 2.1.5 条的规定进行桥梁健康度评估。

2）应编制桥梁台风事件分析报告，报告内容宜包括台风前、台风全过程、台风后数据分析与超限管理和处置结果。数据分析宜包括下列内容：

a）桥面 10min 平均风速、平均风向、风攻角、湍流度、阵风因子；

b）主梁、悬索桥吊索、斜拉桥斜拉索、拱桥吊杆（索）等振动加速度均方根值、模态参数变化；

c）主梁竖向和横向位移、塔顶偏位、主缆偏位、主拱拱顶位移、索力基准值变化等最大值。

条文说明

阵风因子 g_u 宜按下式计算：

$$g_u = \frac{u_{\max,3s}}{U} \tag{2-8}$$

式中，$u_{\max,3s}$ 为 10min 内瞬时风速时程每 3s 平均值中的最大值。

4 悬索桥吊索、斜拉桥斜拉索、拱桥吊杆（索）等索构件振动加速度超限二级，应检查减振设施有效性并提供异常振动事件分析报告，报告内容宜包括索构件异常振动前、异常振动全过程、异常振动后数据分析结果。数据分析宜包括下列内容：

1）桥面 10min 平均风速、平均风向、风偏角、风攻角、降雨量；

2）索构件 10min 加速度均方根值、模态参数变化；

3）索构件异常振动全过程持续时间、风况条件、加速度和位移均方根值、振动频率；

4）索构件索力基准值变化；

5）索构件异常振动类型。

条文说明

索构件异常振动类型主要包括拉索多模态涡激振动、斜拉索风雨振、拉索驰振、拉索尾流驰振、塔区吊索尾流致振动。可以通过实测的索构件振动主要频率、索构件涡激振动频率、降雨量等信息综合判断。

5 地震应急响应应符合下列规定：
1）地震动加速度超限二级时，宜对桥梁进行全面检查。
2）地震动加速度超限三级时，宜封闭桥梁，对桥梁进行全面检查，并符合下列规定：
 a）按本指引第 2.1.5 条规定，利用监测数据进行桥梁结构健康度评估；
 b）也可采用可靠的考虑土结相互作用的非线性结构有限元模型，通过计算分析在地震动作用下桥梁加速度、位移、支座反力、构件内力和应力等结构响应的最大值和残余量，进行桥梁结构健康度评估。
3）应编制地震事件分析报告，报告内容宜包括震前、地震过程中和震后数据分析结果。数据分析宜包括下列内容：
 a）地震过程中桥址地表场地和桥梁墩底（承台）加速度峰值、均方根值、反应谱；
 b）主梁竖向和横向位移、支座位移、梁端纵向位移、塔顶偏位、主缆偏位、梁桥高墩墩顶位移、拱桥主拱拱顶位移的最大值和残余位移；分析主梁、索塔、主拱关键截面应变最大值和残余应变；分析悬索桥吊索、锚跨索股力，斜拉桥斜拉索，拱桥吊杆（索）、系杆等索力基准值变化；分析支座反力的最大值和残余力；
 c）主梁、塔顶、主拱、索构件等振动加速度的峰值和均方根值；
 d）震前和震后桥梁模态参数变化。

条文说明

可以采用桥址自由场地监测加速度计算地震动峰值加速度和反应谱，将计算的地震动反应谱与桥梁设计反应谱在桥梁主要自振频率位置处的数值进行对比，判断桥梁地震动响应是否会超过设计值。

分析主梁竖向和横向位移、支座位移、梁端纵向位移、塔顶偏位、主缆偏位、梁桥高墩墩顶位移、拱桥主拱拱顶位移的残余位移，以及分析主梁、索塔、主拱关键截面的残余应变时，可以采用地震发生前后各 20min 结构位移和应变响应的平均值之差进行计算，残余值结果可以用于判断桥梁是否出现非线性破坏。

可以利用地震前后各 20min 桥梁加速度振动响应分析地震前后桥梁模态参数发生的变化，用于判断桥梁是否可能出现损伤。地震发生前后桥梁自振频率变化出现超限情况时，记录超限等级。

6 车辆超载应急响应应符合下列规定：
1）监测车辆荷载超限二级时，应持续关注结构状态。
2）可根据本指引第 2.1.5 条相关规定，利用监测数据进行桥梁结构健康度评估；也可采用可靠的修正有限元模型，验算超载车辆荷载作用下的主梁竖向位移、支座反力、构件内力和应力,并通过与实测监测数据对比,进行桥梁结构健康度评估。

3)车辆超载事件分析报告内容宜包括超载车辆荷载、发生时间,主梁竖向位移,支座位移,主梁关键截面静应变,悬索桥吊索、斜拉桥斜拉索、拱桥吊杆(索)、系杆等索力,支座反力等最大值。

7 船舶撞击应急响应应符合下列规定:

1)发生船舶撞击后,应进行桥梁结构检查。

2)可按本指引第2.1.5条的规定进行桥梁结构健康度评估,应编制船舶撞击事件分析报告,报告内容宜包括船舶撞击前、撞击全过程、撞击后数据分析结果。数据分析宜包括下列内容:

a)船舶撞击全过程视频监测数据;

b)主梁、塔顶、桥墩墩顶振动加速度,主梁横向位移,梁桥高墩墩顶位移,支座位移,主梁关键截面应变,悬索桥吊索、斜拉桥斜拉索、拱桥吊杆(索)、系杆等索力,支座反力,拱脚位移等监测数据的绝对最大值与残余值,以及模态参数等。

条文说明

分析主梁横向位移,梁桥高墩墩顶位移,支座位移,主梁关键截面静应变,悬索桥吊索、斜拉桥斜拉索、拱桥吊杆(索)、系杆等索力,支座反力,拱脚位移等监测数据的残余值时,可以采用船撞发生前后各20min结构位移、反力、应变和索力响应的平均值之差进行计算,残余值结果可以用于判断桥梁是否出现非线性破坏。

8 雨、雪、大雾等特殊天气应急响应宜符合下列规定:

1)根据气象数据,12h内降雨量超过50mm或12h内降雪量超过4mm时,宜进行车辆限速限流;大雾能见度小于200m时,宜进行车辆限速;大雾能见度小于50m时,宜封桥。

2)特殊天气导致桥面结冰或缆、索、吊杆等构件结冰时,宜进行车辆限速和除冰处置。

3)特殊天气对结构安全产生较大影响时,宜开展专项分析。

条文说明

雨、雪、大雾等特殊天气会影响驾驶员视野,桥面结冰会导致路面摩擦系数急剧降低,易造成交通事故;缆索等构件结冰及冰凌融化过程中,可能发生冰凌掉落,影响行车安全。因此建议发生上述情形进行车辆通行管控。降雨量、降雪量、大雾能见度等数据取自《气象灾害预警信号及防御指南》(中国气象局,2007)。

2.1.5 结构健康度评估应符合下列规定:

1 桥梁结构健康度应包括结构整体健康度和结构构件健康度。构件健康度评估结果反映了被评估构件的服役状态，可用于辅助构件检查等养护决策；整体健康度评估结果反映了桥梁整体服役状态，可用于辅助全桥检查等养护决策。结构整体健康度和结构构件健康度等级宜划分为Ⅰ基本完好、Ⅱ轻微异常、Ⅲ中等异常、Ⅳ严重异常四级，评定依据见表2.1.5。健康度评估应实现在线计算，满足部省联网要求。

表 2.1.5　桥梁健康度等级评定表

健康度等级	结构构件	结构整体
Ⅰ基本完好	本指引第2.1.5条第2款中所列监测数据无超限	本指引第2.1.5条第3款中所列监测数据超限等级全部为一级或无超限
Ⅱ轻微异常	本指引第2.1.5条第2款中所列监测数据超限等级一级	除塔顶偏位、锚碇位移、拱脚位移之外，本指引第2.1.5条第3款中所列其他监测数据与分析结果超限等级仅有一项为二级，无三级
Ⅲ中等异常	本指引第2.1.5条第2款中所列监测数据超限等级二级	本指引第2.1.5条第3款中所列监测数据与分析结果超限等级出现多项（两项及以上）二级或一项三级；或当塔顶偏位、锚碇位移、拱脚位移出现一项及以上二级；或多项构件健康度中等异常
Ⅳ严重异常	本指引第2.1.5条第2款中所列监测数据超限等级三级	本指引第2.1.5条第3款中所列监测数据与分析结果超限等级出现多项三级；或多项构件健康度严重异常

2　桥梁构件健康度评估所使用的表征评估参数包括梁端纵向位移、关键截面应变、索力、支座反力、索振动、裂缝、断丝、螺栓状态、索夹滑移、疲劳等监测数据。

条文说明

梁端纵向位移、支座反力与伸缩装置和支座构件健康度相关。索力、索振动和断丝与索构件健康度相关。螺栓状态和索夹滑移与主缆索夹健康度相关。关键截面应变、裂缝和疲劳与传感器所在位置构件的健康度相关。

3　桥梁整体健康度评估所使用的表征评估参数包括主梁竖向和横向位移、塔顶偏位、主缆偏位、支座位移、高墩墩顶位移、锚碇位移、拱脚位移、基础冲刷深度、锚跨索股力、预应力、主梁振动等监测数据，以及塔顶或主缆或主拱永久偏位、主梁持续下挠、桥墩沉降、索力基准值变化、剔除环境影响的桥梁主要频率变化等分析结果。

条文说明

上述监测数据分别反映了桥梁主要整体变形（主梁竖向和横向位移、塔顶偏位、主缆偏位、支座位移、高墩墩顶位移），关键构件内力变化（锚跨索股力、预应力、索力基准值变化），关键结构变化参数改变（锚碇位移、拱脚位移、基础冲刷深度、塔顶或主缆或主拱永久偏位、主梁持续下挠、桥墩沉降），以及桥梁动力特性变化（桥梁主要频率变化）。

4　可通过损伤识别和模型修正建立可靠的有限元模型，模型修正可采用基于动力的、基于静力的、联合静动力的修正方法或其他可靠的修正方法。将模型修正后计算的结构响应和结构变化结果与《公路桥梁结构监测技术规范》(JT/T 1037—2022)表9中的超限阈值进行对比,参考表2.1.5进行桥梁结构健康度评估。

5 当构件健康度或结构整体健康度为Ⅲ级中等异常或Ⅳ级严重异常时,应由专家对评估结果进行研判。

条文说明

当桥梁构件/整体健康度评估结果出现异常时,需要对监测数据超限报警的原因进行深入分析,评估监测数据超限对于桥梁安全的影响。对于较为严重的超限报警,还需要采取结构检查、维修等措施,确保桥梁安全。当构件健康度或结构整体健康度出现Ⅲ级及上情况时,表明桥梁可能已经处于较为严重的异常服役状态,需要由专家对评估结果进行进一步研判。

2.1.6 监测数据可按照下列规定用于桥梁技术状况评定:

1 主梁或加劲梁的跨中挠度、支座位移和转角、桥墩位移及其基础沉降,悬索桥的主缆线形、索夹滑移和锚碇均匀沉降,拱桥的主拱圈挠度等可采用监测数据。

2 悬索桥和斜拉桥索塔基础冲刷评定可结合监测、检查数据,采用表2.1.6-1规定的标准。

表2.1.6-1 基础冲刷评定标准

标度	评定标准	
	定性描述	定量描述
1	完好	—
2	基础基本无局部冲刷现象	—
3	基础出现局部冲刷现象,程度较轻	冲刷深度大于0.5倍,且小于或等于0.7倍设计值
4	基础出现较严重局部冲刷现象	冲刷深度大于0.7倍,且小于或等于1.0倍设计值
5	基础出现严重局部冲刷现象,基础不稳定,出现严重滑动、下沉、位移、倾斜等现象	冲刷深度大于设计值

3 拱桥拱脚位移评定可结合监测、检查数据,采用表2.1.6-2规定的标准。

表2.1.6-2 拱脚位移评定标准

标度	评定标准	
	定性描述	定量描述
1	完好	—
2	—	—
3	—	拱脚位移大于0.6倍,且小于或等于0.8倍设计值

续表 2.1.6-2

标度	评定标准	
	定性描述	定量描述
4	拱脚出现水平、竖向位移和转角 (拱脚出现水平、竖向位移和转角，位移小于限值) (拱脚出现滑动、位移，导致桥面线形或拱线形异常)	拱脚位移大于0.8倍，且小于或等于1.0倍设计值
5	拱脚严重错台、位移，造成结构和桥面变形过大，严重影响桥梁结构安全 (拱脚不稳定，出现严重错台、位移或转角，造成结构和桥面变形过大，严重影响结构安全) (拱脚不稳定，出现严重错台、滑动或位移现象，造成拱顶挠度大于限值或拱圈严重变形，桥面线形或拱线形明显异常)	拱脚位移大于设计值

4 悬索桥锚碇水平位移评定可结合监测、检查数据，采用表2.1.6-3规定的标准。

表 2.1.6-3 锚碇水平位移评定标准

标度	评定标准	
	定性描述	定量描述
1	完好	—
2	—	—
3	—	—
4	—	大于或等于0.000 05倍，且小于或等于0.000 1倍主跨跨径
5	有水平位移	大于0.000 1倍主跨跨径

2.1.7 桥梁适应性评定应符合下列规定：

1 承载能力评定应符合下列规定：

1）桥梁的承载能力评定应符合《公路桥涵养护规范》(JTG 5120—2021)和《公路桥梁承载能力检测评定规程》(JTG/T J21—2011)的规定。

2）确定承载能力检算系数时，结构或构件的自振频率和校验系数可采用监测数据计算；用作计算校验系数的监测数据宜满足《公路桥梁承载能力检测评定规程》(JTG/T J21—2011)和《公路桥梁荷载试验规程》(JTG/T J21-01—2015)中对荷载试验效率的要求。

条文说明

结构或构件的校验系数一般采用荷载试验数据，正常运营条件下的桥面交通荷载不易满足《公路桥梁承载能力检测评定规程》(JTG/T J21—2011)和《公路桥梁荷载试验规程》(JTG/T J21-01—2015)中对荷载试验效率的要求。若通过长期监测数据分析并与荷载试验比对后可以确定相关调整系数，也可以采用监测数据计算得出的校验系数。

3）确定配筋混凝土桥梁承载能力恶化系数时，构件的氯离子含量应采用检测结果，并宜参考监测数据。

4）确定活载影响修正系数时，宜采用监测交通量、车辆总重和轴重等数据。

2 通行能力评定宜采用监测交通量数据。

3 抗风、抗震、抗洪等抗灾害能力评定中的风荷载、地震作用和基础冲刷深度等可采用监测数据。

2.2 单桥监测数据应用报告主要内容

2.2.1 单桥监测数据应用成果可包括日常监测报告、特殊事件报告、养护评估报告和基础研究报告，各类报告是超限报警、应急响应、养护评估、基础研究四类应用场景的主要载体。报告出具的频次应满足表2.2.1的要求。

表 2.2.1 单桥数据应用频次要求

序号	报告类型	频次
1	日常监测报告	季度、年度
2	特殊事件报告	特殊事件发生后
3	养护评估报告	年度
4	基础研究报告	按需

2.2.2 日常监测报告内容应包括系统运行情况说明和桥梁结构状况分析，并给出分析结论和管养建议。系统运行情况说明宜包括数据质量分析、软硬件维护情况等，桥梁结构状况分析宜汇总说明周期内各监测数据分析及其超限报警情况、特殊事件应急响应下的分析结论以及为养护评估而开展的相关数据分析和结论。

2.2.3 针对台风、影响程度较大的地震、车船撞击、大件运输车辆过桥、主梁涡激振动等对桥梁安全运行管理影响较大的特殊事件，应编制特殊事件报告，其他类型特殊事件视影响程度大小确定是否编制报告。特殊事件报告应说明事件概况以及监测数据超限报警、应急处置、信息报送等情况，分析事前、事中、事后数据，评估事件影响，给出管养建议。

2.2.4 养护评估报告宜综合采用监测、检查等数据分析成果编制，宜包括结构健康度评估、桥梁技术状况评定、适应性评定和其他专项养护评估等内容，并综合分析评估结构整体受力性能、主要受力构件性能、附属设施使用性能等，给出评估结论和管养建议。

2.2.5 基础研究报告可结合研究情况，针对桥梁结构、构件、材料、附属设施等长期性能或其他研究内容进行编制。

3 省级监测数据应用

3.1 一般规定

3.1.1 省级监测数据应用主要支撑省级行业管理决策、运行状况监测、应急响应处置和基础研究数据夯实。

3.1.2 省级监测数据分析主要包括省域长大桥梁运行状态分析和省域长大桥梁特殊事件分析。省级数据分析内容和应用场景见本指引附录 B。

3.2 省域长大桥梁运行状态分析

3.2.1 应基于省级监测平台汇聚的单桥监测数据，结合桥梁检查、交通调查、气象信息、水文监测等大数据，开展省域长大桥梁运行状态的统计分析和专项分析。

3.2.2 统计分析应符合下列规定：
1 按桥型、路线、区域等维度统计分析路网桥梁结构整体健康度和构件健康度，可绘制形成基于 GIS(地理信息系统)的路网桥梁结构健康度一张图，支撑路网桥梁健康的全局掌握。
2 按监测类别、桥型、区域等维度统计分析路网桥梁结构监测报警信息、致警原因及闭环管理情况，可绘制形成基于 GIS 的路网桥梁监测报警一张图，支撑报警处置措施的制定以及路网桥梁监测报警现状的全局掌握。
3 按桥型、服役年限、技术状况等维度对路网桥梁各项监测指标进行分类统计分析，宜包括环境(温湿度、雨量等)，作用(车辆、风等)，结构响应(位移、索力等)，结构变化(裂缝、断丝、体外预应力等)等，支撑对路网桥梁服役环境、荷载状况和运行状态的动态掌握和规律认识。

3.2.3 专项分析应符合下列规定：
1 宜基于车辆荷载数据，统计分析不同区域、不同路线、不同桥型的重载指数，绘制形成基于 GIS 的路网桥梁重载指数一张图，并开展重载指数与结构健康度、重载指数与桥梁技术状况的相关性分析，支撑对路网桥梁重载车通行情况的整体了解、对路网技术状况较差等桥梁的重载车辆通行调度和养护管理决策。可基于车辆荷载数据建立考虑区域、时间等因素的重载指数预测模型，预测指定区域、路线的重载指数，支撑节假日等重点时段的桥梁巡查与安全保通。

条文说明

重载指数为统计时段内通过桥梁的超重车比例，统计时段可以为 1h、6h、12h、24h、月，超重车指总重超过 49t 或轴重超过 14t 的车辆。

$$H = \frac{n_T}{N_T}$$

式中，H 为重载指数；T 为统计时段（可以选 1h、6h、12h、24h、月等）；n_T 为统计时段 T 内通过该桥的超重车数量；N_T 为统计时段 T 内通过该桥的车辆数量。

2　基于桥梁监测数据，宜统计分析不同区域、不同路线的桥梁桥面结冰指数，绘制形成基于 GIS 的路网桥梁桥面结冰指数一张图，总结路网桥梁桥面结冰规律，指导路网桥梁通行安全措施的制定。

条文说明

桥梁桥面结冰指数为统计时段内桥面结冰时长百分比，统计时段可以为 6h、12h、24h、月。

$$I = \frac{t}{T}$$

式中，I 为桥梁桥面结冰指数；T 为统计时段（可以选 6h、12h、24h、月等）；t 为统计时段 T 内桥面结冰的小时数。

3　宜开展路网伸缩缝位移与温度、车辆荷载、使用年限、伸缩缝类型、伸缩缝病害状况、纵坡等的相关性分析，支撑在役长大桥梁伸缩缝养护维修决策及新建桥梁伸缩缝设计选型。

4　宜开展路网支座位移与温度、车辆荷载、使用年限、支座类型、支座病害状况、纵坡等的相关性分析，支撑在役长大桥梁支座养护维修决策及新建桥梁支座设计选型。

5　宜开展大跨梁桥跨中下挠与技术状况、主跨跨径、服役年限、施工方法、车辆荷载等的相关性分析，研判路网大跨梁桥跨中下挠总体态势，支撑在役大跨梁桥跨中严重下挠病害综合整治及新建大跨梁桥设计水平提升。

6　宜开展大跨梁桥高墩倾斜与技术状况、墩高、纵坡、施工缺陷等的相关性分析，研判路网大跨梁桥高墩倾斜总体态势，支撑在役大跨梁桥高墩倾斜病害综合整治及新建高墩大跨梁桥设计水平提升。

7　可开展路网钢桥疲劳态势及其与通行荷载、重载指数等的相关性分析，支撑钢桥抗疲劳措施的制定。

8 可开展路网缆索承重桥梁主要受力构件响应、健康度与车辆荷载、风速风向、环境温湿度等的相关性分析，掌握桥梁运行态势，支撑路网缆索承重桥梁预防性养护措施的制定。

3.3 省域长大桥梁特殊事件分析

3.3.1 应基于省级监测平台汇聚的单桥监测数据，结合气象、地震、属地政府应急等大数据，开展省域长大桥梁特殊事件的统计分析和专项分析。

3.3.2 统计分析应符合下列规定：
1 按事件类别、路线、区域等维度统计分析省域内长大桥梁特殊事件发生频次，支撑特殊事件的预防与应急管控。
2 按事件类别、路线、区域等维度统计分析特殊事件档案归集情况，支撑应急处置科学决策与基础研究。

3.3.3 专项分析应符合下列规定：
1 基于各单桥的地震事件分析报告和省级监测数据，宜开展路网桥梁地震前后表征结构状态关键参数的对比分析，如结构动力特性、主梁变形、索力、支座位移等，开展路网内桥址地表场地和桥梁墩底（承台）加速度时空变化趋势分析，研判地震对路网桥梁的影响范围和影响程度，编制路网桥梁地震事件分析报告，支撑震后路网的抢通保通与通行调度，辅助震后重点桥梁养护策略与计划制定。
2 基于各单桥的台风事件分析报告和省级监测数据，宜开展台风路径范围路网潜在致灾桥梁分析，开展路网内桥址风速风向和关键结构响应的时空变化趋势分析，以及台风过境前、过境时和过境后的桥梁安全全过程评估，编制路网桥梁台风事件分析报告，支撑台风路网桥梁安全状态的全过程掌握，以及台风过境后路网桥梁安全评估和抢通保通措施的制定。
3 基于各单桥的涡振事件分析报告、异常振动事件分析报告和省级监测数据，汇聚涡振或异常振动事件风速、加速度等关键参数的全过程监测数据，结合事件全过程中的应急处置情况，建立省级长大桥梁主梁涡激振动或异常振动、拉吊索异常振动等风致响应事件库，开展路网桥梁涡振或异常振动的区域性、季节性等规律研究，编制路网涡振或异常振动事件分析报告，支撑类似风况下的事件辨识与应急处置。
4 基于各单桥的车辆超重事件报告和省级监测数据，结合大件运输审批系统，可开展多源数据的深入挖掘和综合分析，支撑大件运输车辆管理工作。
5 基于各单桥的船舶撞击事件分析报告，结合气象、水文、船舶 AIS（自动识别系统）、桥梁防船舶碰撞预警系统等数据，可开展区域、流域的通行船舶类型、船舶吨位、通行速度、通航净空等特征分析和规律总结，研判船舶碰撞潜在风险隐患及点位，编制路网船舶撞击事件报告，支撑路网桥梁船舶撞击风险防范治理工作。

3.4 省级监测数据应用报告主要内容

3.4.1 省级监测数据应用成果可包括日常监测报告、特殊事件报告、综合评估报告和基础研究报告。报告出具的频次应满足表 3.4.1 的要求。

表 3.4.1 省级数据应用报告频次要求

序号	报告类型	频次
1	日常监测报告	季度、年度
2	特殊事件报告	特殊事件发生后
3	综合评估报告	年度
4	基础研究报告	按需

3.4.2 日常监测报告内容应包括辖区内单桥系统运行状态汇总情况和桥梁结构状况汇总分析。辖区内单桥系统运行状态汇总情况宜包括各单桥系统的报告推送、在线情况、故障修复和报警处置等内容，桥梁结构状况汇总分析宜汇总编制周期内单桥报警信息，各单桥为养护评估而开展的相关数据分析和结论情况等。

3.4.3 特殊事件报告内容应包括特殊事件概况和省级处置情况。特殊事件概况宜说明台风、地震、车船撞击、涡激振动等特殊事件的基本要素。省级处置情况宜包括事前影响研判、事中过程监测与应急响应、信息报送情况、事后评估与建议。

3.4.4 综合评估报告应在单桥和省级日常监测报告、特殊事件报告、养护评估报告和基础研究报告的基础上进行编制，报告内容应包括省级路网桥梁日常监测情况、特殊事件情况、基础研究总体情况，并按照线路、桥型、区域等维度汇总分析基于监测数据的省域桥梁结构健康度、技术状况水平、适应性等，根据本指引附录 B 的要求进行分类分析评估。

3.4.5 基础研究报告应包括研究内容和重点、监测数据对研究内容的支撑作用、相关研究的进展与成效。

附录 A 单桥应用场景

表 A 单桥应用场景

监测类别		监测内容	数据分析内容	应用场景类别				
				超限报警	应急响应	养护评估	基础研究	
环境	温度	桥址区环境温度	最高温度，最低温度，最大温差	●	—	—	—	
	湿度	构件封闭空间内相对湿度	最大值，平均值和超限持续时间	●	—	◎	◎	
	结水	桥面，构件结水	时空分布	—	—	○	—	
	雨量	降雨量	结团范围和程度	●	○	○	—	
			10min平均降雨量	—	○	○	—	
作用	车辆荷载	所有车道车重、轴重、轴数、车速、车流量	车辆总重或轴重，超载车数量，车重、轴重和时间	●	—	○	◎	
			车辆疲劳荷载谱	—	—	○	◎	
			校验系数	—	—	○	◎	
	风速风向	塔顶的风速、风向	10min平均风速，风向和风玫瑰图	●	◎	◎	—	
	结构温度	构件温度	最大值，最小值	●	—	—	◎	
		铺装层温度	梯度	○	—	—	◎	
	船舶撞击	撞击及过程中的结构静动力响应	最大值，最小值	●	—	◎	—	
			是否发生船撞事件	●	—	—	—	
			撞击过程中结构的静动力响应，撞击前后结构的模态参数等结构变化情况	●	●	●	—	

续表 A

监测类别		监测内容	数据分析内容	应用场景类别			
				超限报警	应急响应	养护评估	基础研究
作用	地震	地震及过程中的结构静动力响应	桥岸地表场地震动加速度	●	—	—	—
			地震过程中结构的静动力响应，地震前后结构的模态参数等结构变化情况	●	○	○	—
	台风	台风及过程中的结构静动力响应	台风过程中结构的静动力响应，台风前后结构的模态参数等结构变化情况	○	○	○	—
			端流度、阵风因子等风场参数分析	○	○	—	○
结构响应	位移	主梁竖向和横向位移，塔顶和主缆偏位，高墩墩顶位移和拱顶位移	平均值、绝对最大值、均方根值及其随时间变化规律	●	—	●	—
			主梁下挠、塔顶和主缆偏位、桥墩沉降等趋势	●	—	●	—
		支座位移和梁端纵向位移	平均值、绝对最大值、均方根值和绝对值累积量	—	—	●	—
			结合滑动支座位移监测数据和其他检测数据进行分析	●	—	○	—
	转角	塔顶截面倾角、梁端水平和竖向转角	平均值、绝对最大值、均方根值及其随时间变化规律	—	—	—	—
			平均值、绝对最大值	●	—	●	—
	应变	主梁关键截面应变	疲劳累积损伤指数	—	—	—	—
		索塔、主拱关键截面应变	平均值、绝对最大值	○	—	◎	—
	索力	悬索桥吊索、斜拉桥斜拉索、拱桥吊杆(索)等索力	平均值、疲劳损伤指数及其随时间变化趋势	●	—	◎	—
			与成桥索力、设计值、破断索力以及定期检测索力进行对比分析	—	—	—	—
		悬索桥锚跨索股力、拱桥系杆索力	最大值、最小值和变化趋势	●	—	—	—
			与成桥索力、设计值、破断索力以及定期检测索力进行对比分析	○	—	◎	—

— 22 —

续表 A

监测类别		监测内容	数据分析内容	应用场景类别			
				超限报警	应急响应	养护评估	基础研究
结构响应	支座反力	支座反力	平均值、最大值、最小值及其随时间变化规律	●	—	◎	—
	振动	主梁三向，塔顶水平双向，悬索桥吊索、斜拉桥斜拉索、梁桥桥墩顶部纵向和横向、拱桥主拱和吊杆（索）振动加速度	绝对最大值、均方根值、频谱	●	○	—	—
			桥梁自振频率、振型等模态参数分析	○	—	○	—
		主梁涡振	主梁振动加速度均方根值和振动能量比因子	●	○	○	○
	基础冲刷	基础冲刷	冲刷深度最大值、冲刷范围及其变化规律	○	—	◎	—
	结构位移	悬索桥锚碇、拱桥拱脚位移	位移值变化	●	—	○	—
	裂缝	混凝土结构钢结构裂缝	结构性裂缝长度、宽度、数量、位置及其随时间变化规律	○	—	◎	◎
	腐蚀	混凝土墩身、承台腐蚀	裂缝与环境、作用和结构构造的相关性	—	—	○	◎
结构变化	断丝	悬索桥主缆和吊索、斜拉桥斜拉索、拱桥吊杆和系杆（索）和系杆断丝	氯离子浓度、侵蚀深度最大值、梯度及其变化趋势	○	—	○	—
	螺栓状态	索夹螺杆预紧力、高强螺栓紧固力和螺栓脱	断丝位置和程度	○	—	○	—
	索夹滑移	索夹滑移	数量、位置、程度和变化趋势	○	—	○	—
	预应力	体外预应力	数量、程度变化程度和趋势	○	—	○	—
			预应力变化趋势	○	—	○	—

注：1. ●为应选分析项，○为宜选分析项，◎为可选分析项。
2. 表中"数据分析内容"应基于监测系统实际监测项开展，未监测的可不做分析，指标与本表有差异的可按实际情况开展分析。
3. 宜对上述不同监测内容开展数据相关性分析，支撑超限报警、应急响应、养护评估和基础研究等。

附录 B 省级应用场景

表 B 省级应用场景

		数据分析内容	行业决策	状况监测	应急响应	基础研究
省域长大桥梁运行状态监测	统计分析	按桥型、线路、区域等维度统计分析省域内长大桥梁结构整体健康度和构件健康度	●	●	—	—
		按监测类别、桥型、区域等维度统计分析省域内长大桥梁结构监测报警信息	●	●	—	—
		按桥型、服役年限、技术状况等分类统计分析省域内长大桥梁监测指标，宜包括环境（温湿度、雨量等），作用（车辆、风等），响应（位移、断丝等），结构变化（裂缝、体外预应力等）等	●	●	—	—
	专项分析	路网重载指数分析及预测	—	○	—	◎
		路网桥面结冰指数与规律分析	—	◎	—	◎
		路网桥梁伸缩缝/支座性能分析	—	○	—	◎
		连续梁跨中下挠趋势研判	—	◎	—	◎
		高墩倾斜趋势研判	—	◎	—	◎
		钢桥疲劳态势分析	—	◎	—	◎
		缆索承重桥梁安全运行态势分析	—	—	—	◎
省域长大桥梁特殊事件监测	统计分析	按桥型、线路、区域等维度统计分析省域内长大桥梁应急预案动态管理情况	—	—	●	—
		按特殊事件类别、线路、区域等统计分析省域内长大桥梁特殊事件上报、确认情况	—	—	●	—
		按特殊事件类别、线路、时间等维度统计分析特殊事件归集情况	—	—	●	—
	专项分析	路网桥梁震后性能评估	—	—	○	◎
		台风路网桥梁影响评估	—	—	○	◎
		风致振动路网桥梁影响评估	—	—	○	◎

注：●为应选分析项，○为宜选分析项，◎为可选分析项。